Aveugle qui ne la voit pas,
la solution !...

TRANSFORMATION

DE

LA RÉPUBLIQUE

T. DINOCOURT.

PRIX : **50** CENT.

PARIS

CHEZ LEDOYEN, LIBRAIRE
PALAIS NATIONAL, GALERIE D'ORLÉANS

1851

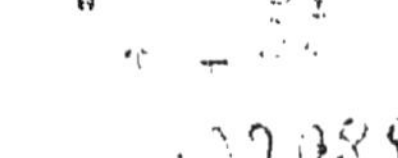

AUX

CHERCHEURS DE SOLUTIONS.

Aveugle qui ne la voit pas, la solution !

TRANSFORMATION

DE

LA RÉPUBLIQUE

T. DINOCOURT.

Prix : 50 cent.

PARIS

CHEZ LEDOYEN, LIBRAIRE

PALAIS NATIONAL, GALERIE D'ORLÉANS

1851

PARIS. — TYPOGRAPHIE BEAULÉ ET COMP.,

8, rue Jacques de Brosse.

AUX RÉPUBLICAINS.

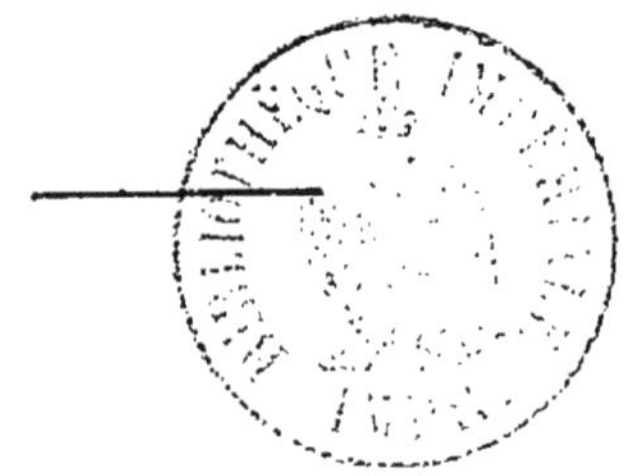

La Constitution sera-t-elle oa ne sera-t-elle pas révisée? Aristote dit oui et Galien dit non.

Pour moi, qui n'attache pas la moindre importance à ce débat en raison des questions bien autrement graves qui agiteront prochainement les esprits, je ne dirai, au sujet de la révision que ceci : *Elle aura lieu* si la majorité la juge utile à la réalisation de son plan, *sinon, non ;* car eu égard à tout ce qu'elle n'a pas craint de faire jusqu'à présent, *au nom de l'ordre*, on doit croire qu'au nom du même intérêt elle ne serait point embarrassée de faire encore, en cette circonstance, prévaloir sa volonté, conséquemment de se pro·noncer pour la révision, si cela s'accordait avec ses vues, dut-elle même par là soulever contre elle l'opinion publique.

Il y a longtemps qu'elle a pris son parti à cet égard, et l'ayant toujours trouvée de si bonne composition, cette opinion, *toujours*, entendez-vous bien? lors même que ses actes ou sa politique pouvaient le plus naturellement l'irriter, et l'irriter jusqu'à la fureur, il est tout simple qu'elle ne la redoute pas plus aujourd'hui qu'elle ne l'a crainte en juin 1849 et depuis.

Elle sait parfaitement, n'en déplaise aux journaux démocratiques, que les mêmes causes qui ont contenu *tant de bouillants courages* en cette occasion et dans celle non moins importante pour les droits du peuple, du vote de la loi du 31 mai ; elle sait, dis-je, que ces mêmes causes produiront encore absolument les mêmes effets sur les plus *déterminés ;* que très-peu d'entre eux, du moins, se sentiront tentés d'engager une lutte avec elle, *protégée* comme elle l'est d'ailleurs par la glorieuse épée qui s'est si résolument mise à son service, et plus encore par le courage civil qui la distingue et qui la place si haut dans l'admiration de M. Lamartine.

Du reste, tout ce bruit, tout cet émoi ne valent pas qu'on s'y arrête, et les esprits sérieux n'ont pas un instant pensé que ces propositions de révision *pussent aboutir ;* il y avait contre elle trop d'intérêts ligués pour qu'il en fût autrement. A part ceux des amis du Président, on ne voit en effet pas à quel parti cette révision pourrait être profitable ; il y a plus, même pour ce dernier, dans le cas de *certaines éventualités*, il ne serait pas impossible qu'elle dégénérât en embarras, sinon en danger.

Cela peut paraître une énigme à bien des gens peu habitués à sonder les mystères de la politique, mais de plus pénétrants peuvent très-bien comprendre à *quelles éventualités* je fais allusion, partant, concevoir qu'un état de complète liberté peut être, au fond, immensément plus avantageux au *prince* Louis-Napoléon que ne le lui serait la prolongation de ses pouvoirs comme premier magistrat d'une république promise encore à tant d'autres épreuves beaucoup plus périlleuses que celle-là.

Outre que cette prolongation ne lui présenterait pas une

bien grande garantie de durée eu égard aux moyens assez peu constitutionnels qui la lui auraient procurée, elle lui créerait des devoirs dont l'*entier accomplissement* pourrait fort le gêner dans la poursuite des *hautes destinées* auxquelles *tout* ce qui se passe sous ses yeux lui donne sans doute bien le droit de songer.

C'est bien assez déjà pour lui du serment qui le lie à la Constitution et qui l'y tiendra *rivé* tout le temps que durera l'exercice de ses fonctions présidentielles sans qu'il doive être jaloux de le prêter de nouveau pour une période quelconque, alors que les événements qui se préparent pourraient lui faire regretter de s'être inféodé à ce point à une forme de gouvernement si peu goûtée des gens de son parti..... et que bien d'autres qu'eux encore voudraient voir anéantie.

Tout ce que je vois de plus clair dans cette agitation factice, c'est le but que se sont proposé les partis hostiles à la République; ce but n'a pas été d'inquiéter le pays, mais seulement de *préparer* les esprits à quelque chose *de beaucoup plus grave* que le remaniement de la Constitution; quelque chose comme le retour à la monarchie, ce qui dispenserait, comme de raison, de beaucoup se préoccuper des changements à faire à cette Constitution.

Que ceux qui en doutent veuillent bien prendre la peine de lire les réflexions que je publie à ce sujet, réflexions auxquelles ce qui se dit dans les journaux à propos de la révision ne me fera pas retrancher un mot, tant est grande ma conviction que je suis dans le vrai.

Et qu'on ne se méprenne pas au sentiment qui a guidé ma plume en écrivant! ce ne sont pas mes opinions personnelles, ni mes sentiments qu'elle exprime, c'est une appréciation pure et simple des faits, tels que mon esprit droit ou faux les a perçus et jugés.

Sentinelle perdue de la liberté et postée à l'extrême li-
mite du camp, sur le *versant* qui regarde le camp ennemi,
je vous dis ses évolutions, *ses manœuvres*, la force numérique de ses troupes, quand et de quelle manière vous serez
attaqués.

C'est à vous de veiller, de vous tenir prêts, il est temps
d'aviser !

Je crois avoir fait mon devoir de patriote et de soldat en
vous avertissant du danger. Si vous pensez que j'ai mal vu,
que je me suis trompé, envoyez vérifier les faits par de plus
clairvoyants que moi, vous en pourrez trouver peut-être,
mais vous n'en trouverez pas de plus dévoué à la cause
commune, à la cause de la France, aux intérêts de son honneur, de sa gloire, mais surtout de sa complète indépen-
dance, cette précieuse garantie de la civilisation du monde.

CHERCHEURS DE SOLUTIONS.

Av ugle qui ne la voit pas, la olution !

———

TRANSFORMATION

DE

LA RÉPUBLIQUE.

On se préoccupe beaucoup en Europe des prochaines et futures destinées de la France. Tout le monde sent instinctivement que l'état dans lequel elle est placée depuis les événements de Février est un état anormal, violent qui ne peut durer. L'ordre social, tel qu'il est aujourd'hui constitué, ne satisfait personne, pas même ceux qui sont au pouvoir ; il leur manque *la sécurité ;* ne croyant point à sa stabilité, ils ne peuvent pas s'y attacher. Tous ont par cette raison un égal besoin de sortir de ce provisoire inquiétant, ils soupirent plus ou moins ouvertement après une solution qui puisse être, sinon absolument définitive, du moins viable pour un assez long espace de temps.

Il n'y a pas jusqu'au peuple, celui-là même qui a pris part au mouvement insurrectionnel d'où est sortie la République, qui n'appelle aussi de ses vœux *tout autre chose que ce qui est*. Il comprend qu'il a été dupé, mystifié, comme il l'avait été déjà en 1830, et il se promet bien de ne plus l'être à l'avenir, ce bon, ce naïf *souverain*, que M. Thiers n'a pas craint de traiter avec si peu de cérémonie, de sans gêne.

La vile multitude, puisqu'il faut l'appeler par son nom, vit dans l'espoir de prendre sa revanche contre ses mystificateurs et se sent toute disposée, *à défaut d'autre moyen*, à imiter le cheval de la fable, à remettre le soin de sa vengeance à l'homme qu'elle croira le plus capable de *leur tirer les oreilles de bonne sorte*.

Voilà ce qu'espère le peuple, et quelque chose lui dit qu'il courrait de trop gros risques à leur infliger lui-même le châtiment que, dans son opinion, ils ont mérité. Il sent qu'il a la main trop rude et qu'une fois en train de frapper il irait probablement beaucoup plus loin qu'il n'aurait eu l'intention d'aller ; il sait qu'il broie, qu'il pulvérise tout ce qu'il touche, que sa puissance de destruction est immense, mais aussi, qu'elle est absolument nulle quand il s'agit de reconstruire.

Tout entier encore au souvenir des ruines qu'il a faites dans les deux précédentes secousses révolutionnaires auxquelles il a prêté son concours, ayant à ces deux époques acquis la triste preuve que c'était en définitive toujours sur lui que retombaient les frais de réédification de ce qu'il avait jeté par terre, il ne veut pas sans de graves nécessités, du moins, faire de *nouvelles étapes* dans la carrière aventureuse des révolutions; il le veut

d'autant moins qu'attentif à tout ce qui s'est dit
et fait depuis la dernière il n'a vu parmi les hommes qui en ont pris la conduite, rien de bien ras-
surant pour son avenir. Tous, sans exception,
même de ceux dans lesquels il avait mis ses
plus chères espérances, lui ont paru aussi peu capables les uns que les autres de les réaliser. A la
diversité des systèmes adoptés par les champions
de sa cause, au désaccord qui règne entre eux sur
les principes constitutifs du nouvel état social que
chacun d'eux a rêvé pour lui assurer le bien-être
en même temps que la liberté, il pressent une
guerre civile dont il ne se soucie nullement de
courir les chances ; se doutant bien que, comme
toujours, il ne peut manquer d'y être encore le
plus maltraité.

C'est qu'en effet, il sait qu'aux premiers éclairs
de l'orage, ceux qui pourraient s'en trouver
atteints, ne tarderaient pas à se mettre à l'abri de
ses coups et à l'y laisser seul exposé. C'est qu'ils
ont de l'argent *ceux-là*, argent qu'ils iraient vite
manger à l'étranger jusqu'à ce que les fureurs de
l'ouragan fussent tout à fait tombées ; mais dus-
sent elles, comme celles de la Révolution de 89,
compter, par années, les moyens d'en attendre
tranquillement la fin, ne manqueraient pas à ceux
qui auraient gagné les ports de relâche vers
lesquels les auraient poussés leurs préférences.

Le peuple lui, il le sait bien, n'a pas ces moyens
de se soustraire aux dangers de pareilles tempêtes ;
il sait, le cas échéant, que cette soudaine retraite
de la classe riche ferait de nouveau fermer les ate-
liers et les fabriques, anéantirait partout le travail,

son unique ressource pour se préserver de la misère, et la dernière leçon qu'il a reçu à cet égard, a été assez rude pour qu'il ne l'oublie pas de si tôt.

Voilà le vrai de la situation et la pensée qui reste au fond de tous les esprits. Mais aussi comme cette situation est mauvaise, par cela seule qu'elle est précaire, ou que, du moins, chacun en a pris cette opinion, les partis se prévalent du fait pour l'exploiter au mieux de leurs intérêts. Aussi, n'y a-t-il pas lieu d'être surpris de tout ce qu'on a *machiné* jusqu'à ce jour pour amener le pays *par voie de lassitude*, à souhaiter un tout autre régime que celui qu'il subit aujourd'hui. On espère et pour cause, qu'il préférera rentrer *volontairement* dans la forme qu'il a si imprudemment brisée, la forme monarchique ; et, dans cette hypothèse, on s'est demandé à Claremont si l'on transigerait avec l'héritier de la branche aînée touchant le droit éventuel du comte de Paris au trône de France, ou si l'on resterait dans l'état de froide réserve où se sont tenues les deux familles depuis vingt ans.

D'après la version la plus accréditée, le feu roi Louis-Philippe s'était, avait-on dit, prononcé pour le rapprochement, pour le compromis, pour la fusion. Mais les princes, et tout particulièrement avec madame la duchesse d'Orléans, le prince de Joinville et le duc d'Aumale avaient émis un avis tout contraire. Leur mère elle-même devant peut-être à ses scrupules ou à ses sentiments religieux de partager l'opinion de son mari, s'était efforcée de faire revenir ses enfants de leur résolution ;

elle avait complètement échoué ; ils étaient restés inébranlables.

Qui d'eux ou de leurs vénérés parents avait raison ? C'est ce qu'il est peut-être indiscret de prétendre décider, mais ce qu'on a bien certainement intérêt à examiner, ne fût-ce que par curiosité ; le cas est d'ailleurs de nature à mériter qu'on s'y arrête, car l'histoire bien que riche en faits analogues à celui-là n'en offre pas un seul, que nous sachions, qui puisse lui être comparé au point de vue des idées que nous nous sommes faites en France de *ces sortes de droits* depuis la Révolution de 89.

A coup sûr et jusqu'à cette époque, la question posée entre les prétendants actuels au trône aurait été résolue immédiatement et sans conteste en faveur du comte de Chambord, de Henri V, puisqu'il est l'héritier direct et immédiat de la branche aînée des Bourbons, et c'est sans nul doute parce que Louis-Philippe avait fini par reconnaître à ce droit le caractère *d'imprescriptibilité* que l'ancienne monarchie y a toujours attaché, qu'il s'était résolu à le subir et à l'imposer à son petit-fils comme une loi, comme un devoir.

Cela peut sembler juste et moral, et l'est sans doute au fond, quelque réflexion qu'on puisse faire sur le temps qu'il a fallu à ces bons sentiments pour se produire ; mais il reste à savoir si les princes, ses enfants, n'ont pas rempli, eux, de leur côté, un devoir tout aussi saint en refusant de s'associer à cette sorte de sacrifice expiatoire qui, après tout, aurait été supporté par leur neveu, puisqu'il aurait perdu à cet arrangement de ne pouvoir profiter d'aucune des chances inhérentes à sa qualité d'héritier du feu duc d'Orléans, son père, pour le cas où elles viendraient, par la suite, à lui être favorables.

Pour moi, je comprends et trouve tout naturel que les oncles de cet enfant l'aient en cette circonstance couvert de leur protection, qu'ils aient, comme ils l'ont fait, sauvegardé les intérêts de son avenir, qu'ils n'aient pas permis que leur père immolât ces intérêts, cet avenir, au désir de recouvrer la paix de son *for intérieur.* Ils pensaient probablement, et à coup sûr ils avaient raison, que l'expiation d'une faute quelconque n'est efficace, n'a de mérite *là haut* qu'autant que le coupable s'offre personnellement lui-même en victime sur l'autel du sacrifice.

D'ailleurs encore, les princes se plaçaient à un point de vue moins fictif et plus vrai, partant plus respectable que celui auquel s'était tenu Louis-Philippe pour juger la question.

Au lieu de s'en référer au principe qui servait de fondement au droit particulier à l'ancienne monarchie, ils invoquaient préférablement le principe de la souveraineté de la nation, proclamé par la Révolution de 89 et qui a replacé le peuple français dans la condition normale où Dieu lui-même a bien effectivement entendu poser les sociétés humaines, en leur donnant à toutes également la conscience de leurs droits naturels et l'irrésistible besoin de les défendre dans la mesure de leurs forces contre les attentats de la tyrannie.

C'est, du reste, dans cette condition de complète souveraineté qu'était placée la nation française jusqu'au temps où les empiétements successifs du pouvoir royal sont parvenus à l'en déposséder presque entièrement, sinon de droit au moins de fait, en s'en attribuant l'exercice ; elle cessa bien, réellement d'exister du jour que le monarque put dire, sans rencontrer de contradicteur : *l'État c'est moi.* 89 en reconstituant l'autorité suprême sur le *consensu omnium* l'a remise sur sa véritable base et, depuis lors, aucun droit n'a pu *se prétendre légitime*, si la consécration nationale lui a manqué. A ce titre, personne, pas plus le Comte de Chambord que le Comte de Paris ou Louis-Napoléon, n'est fondé à faire valoir ce qu'il considérerait comme *son droit* à régler, sous un nom quelconque, les destinées de la France ; à elle seule appartient ce droit.

Elle est actuellement, pour la seconde fois, en République, mais si pour le mieux de ses intérêts elle jugeait à propos, n'importe par quels motifs et en quels temps, de relever le trône de la monarchie, elle en serait maîtresse comme elle le serait également aussi d'y appeler qui bon lui semblerait, et celui là seul serait *roi légitime*, qui lui aurait paru mériter l'honneur d'être préféré à ses autres compétiteurs.

Si les princes, comme on peut très-bien l'admettre, ont fait ce raisonnement, il n'est pas du tout surprenant qu'ils aient persisté dans leur résolution de ne prêter les mains à aucune transaction avec leur parent de la branche aînée, puisque l'effet de cette transaction eut été inévitablement de priver leur neveu du bé-

néfice des chances que l'avenir pourrait lui réserver pour le cas où la France, dans l'hypothèse en question, jugerait à propos de lui offrir
la couronne préférablement à tout autre préten-
dant. Or, il ne pourrait certes pas profiter de cet
avantage, si sa famille y avait renoncé pour lui,
ce serait là un engagement dont l'effet moral
l'atteindrait partout et que l'honneur ne lui per-
mettrait jamais de chercher à enfreindre. Au
moins en restant tout à-fait libre comme il l'est
encore aujourd'hui, ses intérêts sont-ils intacts et
n'est-il pas exposé à regretter par la suite de les
savoir compromis par des parents qu'il aime et
dans la protection desquels il croit avoir toute
raison de se confier ?

Mais qui pouvait faire espérer aux princes que
pareille bonne fortune dut jamais écheoir à leur
neveu ?

Et d'abord, la France est en République et pa-
raît être assez rassasiée de royauté pour ne pas
vouloir de bien longtemps, du moins, se remettre
à ce régime ; mais quand elle y consentirait,
quelle raison y aurait-il de penser qu'elle préfé-
rerait le Comte de Paris au Comte de Chambord,
à Louis-Napoléon ou à tout autre *brigueur* de
couronne?

D'ailleurs, Louis-Philippe lui-même l'avait dit:
Une restauration monarchique en France n'était
plus possible, et il devait s'y connaître, con-
sommé comme il l'était dans l'art si difficile de la
politique ; peut-être même est-il permis de supposer que c'était à cette conviction qu'il avait dû
de se montrer si facile dans le projet de transac-

tion qui paraissait si grandement répugner à ses enfants.

A ces observations qu'il n'avait sans doute pas manqué de leur faire il y a réponse.

A la vérité, la France est depuis trois ans en République ; mais s'en trouve-t-elle si satisfaite qu'on doive l'y croire bien profondément attachée? Y trouve-t-elle sous le rapport de ses intérêts matériels et sous celui non moins précieux de ses libertés, de tels avantages qu'elle ait de justes sujets de se féliciter de n'être plus en Monarchie?

Il y a lieu d'en douter.

D'un autre côté, l'attitude de l'Europe ne lui permet pas de supposer qu'on la laisse bien des années encore maîtresse d'exciter *par l'exemple même de son succès*, tous les autres peuples à suivre ses voies.

Donc, au premier jour, quand on sera prêt, *bien prêt*, de l'autre côté du Rhin, les cours de Russie, de Vienne et de Berlin, secondées d'autres États tout aussi intéressés qu'elles à conjurer ce danger commun, viendront *la prier* et *au besoin la sommer* de faire cesser cette anxiété générale qui pèse d'un poids si lourd sur les affaires du continent en semant l'inquiétude dans tous les esprits; ce qui crée aux particuliers aussi bien qu'aux pays auxquels ils appartiennent une situation précaire que l'on ne se sent nullement disposé à supporter plus longtemps, quoi qu'il en doive coûter pour en sortir.

Si l'Europe tient ce langage à la France et le tient de façon à se faire écouter ; si d'habiles né-

gociateurs lui démontrent, ce qui ne doit pas
être difficile, que son industrie, son commerce, ne
peuvent avoir qu'à souffrir de la prolongation
d'un état de choses aussi peu harmonique avec ce
qui subsiste sur tous les autres points du continent ; pense-t-on que le gouvernement français
doive rester sourd à des représentations de cette
valeur ? Imagine-t-on qu'il refuse d'y déférer, et
que, pour se conserver une *vaine qualification* qui
ne lui est d'*aucune utilité réelle*, qui lui enlève, au
contraire, de précieux avantages, il s'expose aux
redoutables chances d'une guerre générale avec
les puissances auxquelles il inspire à présent de
si fortes appréhensions.

Cela n'est pas admissible.

Comment le croire, alors qu'il s'est abstenu
de le faire quand l'intérêt de son existence *comme
république* lui en faisait en quelque sorte une né-
cessité, au temps où les peuples électrisés par son
exemple s'insurgeaient au nom des mêmes principes que les siens contre leurs souverains ? En
laissant partout écraser les défenseurs de ces
principes, ne s'est-il pas volontairement enlevé
d'ardents auxiliaires qui l'auraient merveilleuse-
ment secondé dans le dessein qu'on pouvait lui
supposer de faire partout prévaloir l'esprit démocratique qui anime la nation ?

Et maintenant qu'ils sont morts, vaincus et
dispersés, ces hommes énergiques et enthousiastes
qui lui auraient été si nécessaires pour accomplir
son œuvre révolutionnaire, admettra-t-on qu'il
se décide à allumer une guerre qui lui deviendrait
évidemment funeste, dans le cas même où il se-

rait assez fort pour triompher des armées de la coalition ?

Cet apparent succès lui serait plus fatal, à tous égards, en quelque sorte, que la défaite, comme *on ne manqu ra pas* de le proclamer sur les toits.

Qui pourrait en effet douter, dira-t-on, que ce succès ne fût presque immédiatement suivi des plus épouvantables malheurs, puisqu'il déchaînerait fatalement sur toute l'Europe, non le génie de la liberté, mais la démagogie qui l'a toujours si cruellement compromise par ses excès? Qui pourrait se flatter de l'arrêter dans ses élans furieux, désordonnés, quand elle aurait une fois rompu son frein, alors que tant d'hommes généreux, aveuglément confondus par les vainqueurs d'hier, ont eux-mêmes de si cruelles injures à venger?

Évidemment, ces derniers, les seuls qui pussent exercer sur elle quelque influence, la laisseraient accomplir son œuvre, et les plus résolus parmi eux ne tenteraient pas de régler sa fougue, sûrs qu'ils seraient d'en être les victimes s'ils s'y hasardaient ; car sont toujours mal venus ceux qui parlent de ménagement et de mesure au sein de pareilles tempêtes !

Les représailles seraient terribles, on doit le croire, exercées surtout par des hommes auxquels leur calme et leur modération aux premiers mois de la fondation de la République ont si peu profité !

À leur exemple, on peut en être sûr, tous les pays, sur lesquels s'est si durement appesantie la répression armée des rois menacés dans leur

existence, commenceraient aussi, de leur côté,
une guerre sociale, dont il ne serait donné à personne de fixer le terme non plus que d'en calculer
les désastres.

Dans ce cataclysme sans précédent au monde,
la civilisation même y pourrait périr tout entière,
attaquée comme elle le serait par des masses de
brutes incapables de comprendre la grandeur du
mal qu'elles se feraient à elles-mêmes en la dé-
truisant.

Perverties d'ailleurs par les doctrines sauvages
qui ont surexcité chez elles tant de mauvaises
passions et d'instincts pervers, comment pour-
raient-elles écouter d'autres voix que celles qui
applaudiraient à leurs excès, suivre d'autres
guides que ceux qui pourraient leur indiquer la
retraite de quelque victime échappée à leur
rage ?

Évidemment, elles ne s'arrêteraient que quand
elles ne trouveraient plus d'ennemis à frapper,
et elles en verraient, jusque dans leur propre
sein, dans ceux qu'elles soupçonneraient en dis-
position de se lasser de les imiter. Malheur à qui
leur paraîtrait se sentir du penchant au regret ou
à la pitié ! les sentiments et les vertus sont vite
qualifiés de crimes quand ils ont pour apprécia-
teurs de pareils juges !

Dieu seul peut savoir ce qui survivrait après le
passage de cette trombe dévastatrice quand elle
aurait *achevé son tour d'Europe;* lui seul pourrait
aussi nombrer les ruines qu'elle y aurait faites;
et, sans nul doute, parmi celles qui joncheraient
son sol, les temples, les églises n'y seraient pas

pour la plus faible partie. Comme, en révolutions, ce sont toujours les idées les plus extrêmes qui prévalent, il est à croire que cet honneur reviendrait de droit à celles qui enseignent à l'homme *à prier Dieu sans prêtres,* conséquemment sans culte extérieur ; d'où logiquement la suppression de tous les monuments religieux.

Ce rêve insensé de Babeuf se trouverait ainsi accompli, tout-à-fait réalisé grâce au zèle de l'écrivain qui n'a pas craint, de nos jours, d'exhumer de leur poudre sanglante ces épouvantables outrages à la raison humaine, mais qui ont malheureusement rencontré trop d'échos approbateurs dans les masses ignorantes et passionnées auxquelles s'adressaient ces coupables enseignements.

Ils porteraient leurs fruits, il n'en faut pas douter, si la France était assez mal inspirée pour ne pas éviter la guerre avec la coalition, ajoutons si elle était assez malheureuse pour la vaincre. Si fort que soit son gouvernement, il ne le serait pas assez, la lutte une fois engagée, pour contenir les passions bouillantes des millions de mécontents que sa façon de comprendre la République a semés partout le pays. Et comment les contiendrait-il, quand il n'aurait même pas assez de toutes ses forces militaires pour résister à celles des coalisés ?

Évidemment, c'est là une situation affreuse et dont il comprend tout le péril ; nul autre moyen pour lui d'en sortir que de retourner à la forme qu'il a brisée, à la forme monarchique, puisque c'est d'ailleurs l'unique moyen de rendre à ses relations commerciales avec l'Europe l'activité dont elles sont depuis si longtemps privées, à l'immense préjudice de ses classes ouvrières partout en proie à tant de souffrances et de misère.

Il comprend tout cela le gouvernement, et la nation elle-même, consultée sur les périls trop réels de cette situation, n'hésitera pas à se prononcer, on doit le croire, pour le maintien de la paix ; elle ne voudra point, par un sentiment de dignité mal entendue, maintenir à ce gouvernement une qualification qui ne lui donne en réalité aucune valeur, qui lui semble même être une ironie amère, puisqu'elle n'y trouve ni liberté, ni sécurité, ni économie, avantages que doivent du moins offrir aux citoyens les républiques pour mériter qu'ils s'y attachent. Tous diront, le gouvernement l'espère du moins : Retournons à la monarchie, puisque c'est le moyen d'être tranquilles et de voir reprendre le travail.

La presse française, d'ordinaire si pénétrante, n'a pas deviné que *ce n'était qu'en vue* de préparer une solution aussi favorable que possible à cette importante consultation du pays qu'on avait présenté et fait passer aussi rondement *la loi restrictive du suffrage universel.*

En y réfléchissant bien, elle aurait senti en même temps que le péril de la situation tout ce que cette loi fournissait de ressources au gouvernement pour amener les esprits à cette transaction devenue indispensable. Certes, il peut nourrir l'espoir d'y réussir plus aisément, maintenant qu'il a éliminé de l'urne des votes toute cette masse si redoutable d'hommes que le précaire habituel de leur position pouvait pousser à désirer plutôt la guerre que la paix, et qui, quoi qu'il pût arriver, auraient, c'était à craindre, voulu, fut-ce au prix de leur sang, maintenir la République.

Cet obstacle n'existant plus, la monarchie a donc des chances de restauration que ne lui accordait pas Louis-Philippe ; et ses enfants, en croyant ou espérant le contraire, ne paraîtront-ils pas avoir été plus clairvoyants que lui aux personnes initiées aux secrets de ce débat de famille.

On ne peut guère se prononcer là-dessus, puisqu'on ne sait absolument rien de ce qui a pu être dit de part et d'autre à ce sujet ; mais peut être, d'après le caractère bien connu du feu roi, est-il permis de supposer qu'il n'était pas, au fond, aussi convaincu qu'il affectait de le paraître de la justesse de l'opinion qu'il avait émise devant ses enfants ; mais il fallait bien qu'il eût l'air de la donner comme l'expression vraie de sa pensée intime s'il voulait les amener à la transaction qu'il jugeait sans doute utile au repos de sa conscience. Toutefois, affaissé comme il l'était sous le poids de ses chagrins, il est possible, n'étant d'ailleurs plus à l'âge où le cœur s'ouvre à l'espérance, qu'il ait vu en effet les choses plus en noir qu'elles ne le paraissaient aux princes dont il ne partageait pas la confiance en l'avenir.

Et pour expliquer ce sur quoi repose peut-être chez eux ce sentiment, il est nécessaire de tirer de certains faits politiques qui se sont passés sous nos yeux les inductions propres à nous éclairer sur ce qui a pu les autoriser à le croire bien fondé.

A n'en pas douter, le parti d'Orléans en France est considérable. Indépendamment de sa force numérique, il renferme une foule d'hommes éminents dans toutes les carrières et particulièrement dans celles si variées de l'administration. Les fonctionnaires publics et tous ces gens d'affaires, esprits pratiques si jamais il en fut, dont l'influence s'exerce toujours si sûrement sur leur nombreuse clientèle, lui sont bien certainement acquis. Le grand corps universitaire, les académies, les gens de lettres et les artistes n'y tiennent pas une place moins importante. En voilà déjà plus qu'il n'en faut pour agir efficacement sur toutes les classes éclairées, intelligentes de la société, en faveur du petit-fils de l'ex-bourgeois de Neuilly, du fils d'un prince qui a laissé dans la mémoire de l'armée et dans bien des cœurs généreux d'honorables souvenirs.

Si l'on ajoute à ce contingent déjà si puissant celui que peuvent offrir les classes du commerce et de l'industrie, deux corps de bataille auxquels on ne peut refuser une activité qui en décuple la force, et dont l'état de gêne accroîtra l'ardeur quand il s'agira d'aviser au moyen d'en sortir, nul doute que ce parti ne doive être pour les princes un légitime sujet d'espérance, lorsque le pays sera mis en demeure de se prononcer sur l'importante question qui peut lui être prochainement soumise.

République ou Royauté, lui dira-t-on ; prononcez-vous d'abord pour l'une ou pour l'autre ; c'est urgent, indispensable, pour qu'on sache quelle conduite tenir envers les puissances coalisées, impatientes de faire cesser une situation qui nuit à tous leurs intérêts aussi bien qu'à ceux de la France. Si vous prétendez maintenir cette situation, ou, ce qui revient au même, continuer de rester en république, c'est la guerre avec toutes ses conséquences, et il ne sera pas difficile de démontrer qu'elles ne peuvent être que désastreuses, de quelque côté que se mette la victoire.

D'après ces très-graves considérations, *probablement on préférera la paix;* car le triomphe de nos armes serait bien douteux avec les ferments de division qui nous agitent, et le gouvernement aurait surabondamment prouvé aux plus chauds partisans de la guerre que, si ce triomphe avait lieu, l'Europe serait immédiatement en combustion; Dieu sait combien d'années durerait cet incendie !

On sacrifiera donc la république pour *éviter* au *monde* cette effroyable calamité; on la sacrifiera avec d'autant moins de regret qu'elle est pour les hommes de progrès, pour les républicains eux-mêmes, un enchaînement ininterrompu de revers de toutes sortes et d'accablantes déceptions.

Ah ! ce n'était pas cette République là qu'ils avaient rêvée, on le sait bien ; mais des rêves aux réalités il y a toujours si loin !

Ils n'avaient oublié qu'une chose en faisant la Révolution, c'était d'avoir des hommes capables de la diriger, de la conduire.

C'est ce qui me fait mettre pour épigraphe à l'ouvrage auquel je travaille depuis plus de deux ans déjà, *l'Art de faire des Révolutions,* et que je publierai prochainement, je l'espère.

Pour faire des Révolutions, il faut des Révolutionnaires (la Cuisinière bourgeoise).

Puis cette autre pensée additionnelle :

On est prié de ne pas confondre une perturbation sociale avec une Révolution.

Ils n'avaient pas compté non plus, ces Républicains, comme je le dis dans cet ouvrage, avec les mœurs d'une nation qui *infuse* depuis près de quinze siècles dans l'élément monarchique.

C'est là, qu'ils le sachent bien, à part beaucoup d'autres difficultés également considérables, ce qui frappera longtemps de stérilité leurs efforts pour amener la France à la transformation qu'ils ont, mais bien vainement, essayé de lui faire subir; elle n'a pas cessé, ils le doivent bien reconnaître, de rester monarchique par ses sentiments, ses goûts et ses idées, encore qu'il leur ait plu de la mettre en république, ou, du moins, de *l'honorer* de cette qualification.

C'est un *bal travesti* qu'ils ont donné au pays, ce n'est rien de plus; il est seulement regrettable que le prix d'entrée lui ait coûté si cher et que les *divertissements promis* aient été...... si peu divertissants : il y aurait fallu surtout d'autres *instruments que les violons de M. Marrast.*

Certes, la République pouvait vivre, mais c'était à la condition d'embrasser l'Europe tout entière dans son irrésistible étreinte. Cette République était celle pour la quelle s'était passionnée l'âme héroïque d'Henri IV, ce roi plus jaloux de la gloire d'être aimé du peuple que de toutes les conquêtes qu'aurait pu lui assurer sa vaillante épée.

C tte République là, dont la pensée se liait dans son cœur autant que dans son esprit à celle de l'affranchissement des nations de l'Europe, toutes si misérablement courbées sous la verge sanglante du despotisme, il avait fait plus que la rêver, il en avait préparé les moyens d'accomplissement et c'était sur l'Angleterre, sur l'appui d'Elisabeth qu'il comptait pour le succès de cette grande œuvre, de cette œuvre vraiment humanitaire.

Le fer qui le frappa n'a pas seulement privé la France d'un grand roi, il a encore enlevé au monde esclave un nouveau rédempteur, un héros disposé à s'immoler, *comme le Christ*, à la sainte cause de la liberté.

Certes, un tel projet fait supposer que celui qui l'avait conçu, bien que portant sceptre et couronne, ne pensait pas, comme beaucoup de ses pareils, que les peuples *fussent faits* pour les rois. mais qu'il avait au contraire la conviction que ces derniers étaient faits *pour et par les peuples :* c'était avoir de justes idées de la véritable source du pouvoir que de le placer dans la nation, et c'est parce que les descendants et successeurs de ce grand homme ont trop oublié de suivre ses voies qu'ils ont tous reçu de si sévères leçons de l'adversité.

La force est dans le peuple et ne peut être que là, puisque c'est de lui, de son travail, que tout provient ; malheur à qui l'oublie et cherche *ailleurs* son point d'appui, il ne rencontre que l'abîme !

Celui qui, dans l'infatuation de son orgueil, se dit : Ma force est en moi, elle me suffira pour triompher, celui-là est un insensé dont on doit avoir compassion, car plus son délire en l'exaltant lui fait croire qu'il touche au moment du triomphe, plus au contraire il est près de tomber : c'est l'illusion du moribond qui ne se croit jamais plus assuré de sa guérison que quand il va rendre son dernier soupir.

Ainsi pensaient de leur génie, de leur force, les fondateurs de la République de Février, ils la déclaraient *impérissable*. Mais pour qu'elle devînt forte et vigoureuse (il fallait bien qu'elle fût telle, si l'on voulait qu'elle pût accomplir l'œuvre immense qui lui était dévolue, la régénération sociale de l'Europe), il aurait fallu l'attacher dès en naissant, aux mamelles puissantes de la liberté et lui donner le peuple pour gardien, pour protecteur, ce peuple pour lequel, à l'intention duquel, du moins, on *prétendait* avoir fait la Révolution.

Mais voilà qu'au lieu de cela faire, on l'a mise au régime énervant imaginé par M. de Lamartine qui en a vite fait une pâle et chétive créature, mais douce et polie, on en doit convenir, et digne à tous égards des qualifications que sans doute sa prescience lui avait inspirées le jour où l'on était venu lui demander pour elle le baptême à l'Hôtel de Ville.

Honnête et *modérée* fut-elle alors appelée de *démocratique et sociale* qu'elle avait été acclamée tout d'abord quand l'orgueil du triomphe qu'on venait de remporter *pour toujours sur la Tyrannie* faisait encore battre tous les cœurs, délirer tous les cerveaux.

Honnête et *modérée* s'est mise à l'œuvre et ses

actes ont répondu de tous points à ces estimables qualités qui lui ont, du reste, valu d'être *soufferte* dans les salons des chancelleries de toutes les Cours de l'Europe où elle a pu compléter son éducation.

C'est à son illustre parrain de décider si elle y a conservé bien intactes *les vertus immaculées* sur lesquelles il avait assis de si glorieuses espérances.

Modérée, elle n'a pas cessé un seul instant de l'être, c'est *une justice à lui rendre ;* mais, quant à son *honnêteté,* le mot, pris dans son sens exprès, correspondant à quelque chose de plus significatif, de plus substantiel que la simple politesse, il n'a pas dû tarder à reconnaître qu'elle en avait complétement perdu le sentiment; qu'elle s'était même pervertie à ce point de *rougir de son origine,* ce qui touche de bien près, comme on le voit, à *la transformation* sur laquelle on a compté pour pouvoir arriver à remettre les choses à leur place sans être obligé d'employer la violence.

Cette transformation ne surprendra personne parmi ceux qui auront fait attention aux pronostics attachés à toutes les mesures politiques prises par le *grand parti de l'ordre* depuis les funestes journées de Juin.

Comme ce parti représente en réalité les intérêts *des trois prétendants* entre lesquels la France devra faire un choix, après que la République aura été condamnée par *le nouveau pays légal* comme un *obstacle permanent à la reprise des affaires et au rétablissement de la confiance,* on comprend qu'il a dû s'accorder parfaitement (chacun faisant *in petto* ses réserves) dans la pensée commune à l'intérêt de tous, de considérer comme bon tout moyen qui aurait le mérite de déblayer plus largement et plus vite le terrain de tout ce qui pouvait faire obstacle à cette première et indispensable épreuve après laquelle seulement on pourrait passer à la seconde.

On n'y pouvait en réalité arriver qu'en enlevant successivement aux républicains tous leurs moyens d'agir sur les masses, comme ils avaient si bien pu le faire avant la présentation de toutes les lois compressives que s'est si libéralement fait octroyer le pouvoir à cette unique fin. Il n'est pas une seule de ces lois qui n'ait été *impérieusement commandée* par les besoins de la circonstance. C'est ce qu'on s'efforcera bien certainement de faire comprendre au pays lorsqu'on lui demandera son avis sur la question qu'on ne peut pas se dispenser de lui déférer : la suppression ou le maintien de la République.

La triple influence du grand parti en question, du parti de l'ordre, s'exerçant simultanément et avec un parfait accord sur les masses d'électeurs acquises aux idées, aux principes que ses trois fractions représentent, il y a peu de raison de penser que le parti républicain puisse l'emporter, quelque mouvement qu'il se donne, surtout avec les trois ou quatre millions de suffrages que lui enlève la loi en question.

La République restera donc étendue, morte et bien morte sur le champ de bataille, bien morte ! parce que son arrêt aura été prononcé par la grande voix de la nation épurée de *la vile multitude*, et ce sera un devoir pour tous de respecter *la chose jugée*, il le faudra ! car les formidables lois qui garnissent aujourd'hui l'arsenal du gouvernement seront bien certainement appliquées à toute rigueur contre ceux qui seraient assez mal avisés pour ne pas se soumettre à cette décision suprême.

Si les démocrates socialistes en murmurent, parlent d'escamotage, de guet-à-pens politique, de tyrannie enfin, la fière réponse que César fit aux Cassius, aux Cimber et autres vaincus de Pharsale, tombera de tout son poids sur les amis des vaincus de Juin :

Si vous n'avez su vaincre, apprenez à servir !

et, cette fois, le poignard d'un nouveau Brutus ne trouvera pas à frapper le cœur d'un tyran impuissant à parer le coup ; non, car ce tyran sera le pays.

Mais, d'ailleurs, ils craindront une apostrophe encore plus foudroyante ; ils craindront que la voix des braves, pour le salut desquels *nul d'entre eux* n'a rien osé tenter, ne s'élève du fond des cachots où ils gémissent depuis plus de deux ans déjà. Du fond de ces cachots aussi bien que des solitudes de l'exi', partiraient, en réponse à leurs plaintes, des accents accusateurs qu'ils n'entendraient sans doute pas sans se sentir monter la rougeur au front.

On s'inclinera donc devant l'arrêt de la France.

Un respect tout pareil sera dû, comme de raison, au choix qu'elle devra faire ensuite du prince sur la tête duquel sera posée la glorieuse couronne.

Il faut que chacun des prétendants, avant l'é-
preuve, s'engage loyalement à se soumettre au
résultat qu'elle aura donné, sans quoi nous serions
exposés aux déchirements de la guerre civile, et
il n'y aurait, en vérité, pas de raison pour qu'on
en sortît jamais.

Le parti républicain s'abstiendra très-probable-
ment de prendre part au débat, indifférent, comme
il se sentira l'être, à ce qu'il pourra produire; il
tiendra, sans doute, à réserver sa liberté d'action
pour l'avenir. Mais il sera curieux pour eux, comme
pour tout le monde, de voir les programmes que
ne manqueront pas de faire circuler les *tenants* de
ce grand tournois national.

On sait malheureusement trop, par expérience,
le peu de fonds qu'il faut faire sur les magnifi-
ques promesses toujours inscrites dans ces fas-
tueuses *réclames ;* nous sommes, avec cela, dans
un temps plus fertile qu'aucun autre en graves
enseignements sur la confiance qu'on leur doit
accorder; aussi, est-il permis de croire que, *cette
fois,* on fera beaucoup moins d'attention aux promesses elles-mêmes qu'aux intentions réelles de
ceux qui les auront faites ou, pour parler plus
exactement, *à leur pouvoir* de les tenir.

C'est qu'en effet, *dans l'espèce,* il s'en faut de
beaucoup que les prétendants soient aussi maî-
tres que le *bon public* pourrait les supposer de
remplir bien religieusement les engagements qu'ils
auraient pris envers lui. C'est que chacun d'eux
est *fatalement obligé* de sacrifier *jusqu'à ses sentiments personnels* aux intérêts, aux principes du parti
qui lui a prêté son appui.

Voilà, *selon toute probabilité,* ce qui arrivera et ce qui est, on en doit convenir, de beaucoup préférable aux *surprises* ou aux coups d'État. Ce sont des expédients par trop scabreux et auxquels, pour ma part, je n'ai jamais cru un seul instant. Il y a, par cette raison, lieu de s'étonner que tant de journaux sérieux aient accrédité de pareils bruits. Il était bien plus simple, au lieu d'égarer l'opinion publique dans ce dédale de suppositions si peu raisonnables, d'approfondir toutes les conséquences de la loi en question ; on n'aurait pas tardé à reconnaître que *la solution qu'on cherchait* y était écrite en caractères flamboyants au sens desquels il n'eût été permis à personne de se méprendre.

Devant ce *Mane, Thecel, Pharès,* à l'adresse de la République, chacun aurait pu décider de quel côté l'intérêt ou l'honneur lui eût conseillé de se ranger pour le jour où cette formidable sentence passera de la menace à l'exécution.

J'examinerai dans la brochure qui suivra celle-ci (*les Trois Prétendants*) à qui d'entre eux le pays croira devoir donner la préférence.

Cet examen, je le ferai consciencieusement sans me préoccuper d'aucun autre intérêt que de celui de la France.

Je n'ai voulu, quant à présent, que m'éclairer moi-même, dans l'hypothèse embrassée par ma prévoyance, sur la question soulevée au sein de la famille d'Orléans. J'ai cherché à me rendre compte des motifs sur lesquels pouvaient reposer ses espérances : les deux autres compétiteurs n'en ont peut-être pas de moins encourageants pour celles que, bien certainement, ils nourrissent aussi de leur côté.

La curiosité, sous ce rapport, sera, je le promets, *amplement satisfaite.*

Je ne demande à mes lecteurs, au public, qu'une chose, c'est d'attendre, pour juger de mes opinions personnelles sur ces graves questions, que l'ouvrage en vue duquel je lance ces publications soit paru; jusque-là on ne saura absolument rien de ce que je désire, de ce que je crois possible, en fait de réformes sociales.

ON SOUSCRIT, DÈS A PRÉSENT, A

L'ART DE FAIRE DES RÉVOLUTIONS

1 *vol. grand in-8º,*

AU PRIX DE 6 FRANCS,

A la Librairie de LEDOYEN, au Palais National,
Où l'on délivre le prospectus.

www.ingramcontent.com/pod-product-compliance
Ingram Content Group UK Ltd.
Pitfield, Milton Keynes, MK11 3LW, UK
UKHW021041220726
13924UKWH00001B/451